LA LYRE SACRÉE

D'UN

INSTITUTEUR DE VILLAGE,

Par F. Coiffard-Enon.

Avec approbation de l'Évêché d'Angers.

CHOLET,
IMPRIMERIE DE F. LAINÉ.

1842.

A Marie.

Je vous offre, ô ma tendre Mère, ce petit ouvrage, fruit de mes loisirs, commencé sous vos auspices et terminé au pied de la Croix de votre divin Fils. Daignez l'honorer d'un sourire protecteur! Puissent mes faibles accents augmenter l'amour que vous ont déjà voué vos serviteurs, et faire naître de tendres affections dans les cœurs qui ne vous connaissent pas encore ! O Marie ! quel bonheur pour moi, si je pouvais ajouter à la gloire de votre nom ! vous faire aimer d'un amour pur et constant, de cet amour que vous a juré, pour toujours,

Le plus humble de vos serviteurs,

F. COIFFARD-ENON,
Instituteur.

I.

Pour le Mois de Mai.

> .... *Notre humble prière*
> *Montera jusqu'aux Cieux.*

Air : *Mettons-nous en prière.*

Plein d'une sainte ivresse,
Dans ce mois solennel,
Chacun de nous se presse
Au pied de votre Autel.
Pour chanter vos louanges,
Mère du bel amour,
Nos voix aux chœurs des Anges
S'unissent chaque jour.

CHOEUR.

Marie, aimable Mère!
Vous entendrez nos vœux;
Et notre humble prière
Montera jusqu'aux Cieux.

Une beauté divine,
Brille dans tous vos traits;
A côté de l'épine,
La rose a moins d'attraits.
Du lys de la vallée
L'éclatante blancheur,
Paraît comme voilée
Près de votre candeur.

CHOEUR.

Marie, aimable Mère!
Vous entendrez, etc.

O vous, dont l'existence
Est pleine de douleurs;
Vous, qui de la souffrance
Eprouvez les rigueurs;
Accourez à Marie,
Implorez sa bonté;

Car celui qui la prie,
N'est jamais rebuté.

CHOEUR.

Marie, aimable Mère!
Vous entendrez, etc.

D'un repentir sincère
Sentant briser vos cœurs,
A cette tendre Mère
Venez, pauvres pécheurs!
Celle qui vous appelle,
Saura vous secourir :
Qui se met sous son aile,
Ne peut jamais périr.

CHOEUR.

Marie, aimable Mère!
Vous entendrez, etc.

☦

II.

Marie.

Air : *Un jour dans un joli boudoir.*

Marie, étoile de la mer,
Autour de nous gronde l'orage ;
Protégez-nous contre l'enfer,
Sauvez vos enfants du naufrage !
Sensible à nos gémissements,
Ecoutez notre humble prière ;
Dans tous les lieux, dans tous les temps,
Montrez-vous notre tendre Mère! (*bis.*)

Marie, ô nom plein de douceur!
Arche de nouvelle alliance;
Refuge assuré du pécheur,
La base de notre espérance;
Souriez, du divin séjour,
A nos promesses solennelles;
Nous jurons tous, Mère d'amour,
De vous être à jamais fidèles. (*bis.*)

Marie, ô Mère du Sauveur!
Des Anges saints auguste Reine,
Nous vous consacrons notre cœur,
Sur lui régnez en Souveraine.
Faites-nous chérir vos vertus,
Vous imiter, sur cette terre;
Et présentez-nous à Jésus,
Quand finira notre carrière. (*bis.*)

III.

Pour le jour de l'Assomption.

Sous tes drapeaux nous serons triomphants.

Air : *Un grenadier descend de la colline.*

Fais éclater tes transports d'allégresse,
Sainte Sion, que, sur des harpes d'or,
Tous, à l'envi, de leur douce Maîtresse
Tes habitants chantent l'heureux essor !

CHOEUR.

Du haut des Cieux, Marie, ô notre Mère !
Jette sur nous tes yeux compatissants ;
Notre ennemi nous déclare la guerre ; }
Sous tes drapeaux nous serons triomphants. } bis.

Près de Jésus, sur un trône de gloire,
Tendre Marie, assise dans le Ciel,
Vois tes enfants célébrer la mémoire
De ton triomphe, en ce jour solennel.

CHOEUR.

Du haut des Cieux, etc.

Ton chaste sein de ton Dieu fut le temple ;
Et maintenant, dans son divin palais,
Avec amour ton œil pur le contemple ;
A ses côtés tu règnes pour jamais.

CHOEUR.

Du haut des Cieux, etc.

Lorsque, pour nous, il prit notre faiblesse,
Tu le nourris de ton lait virginal.
Mère de Dieu, pour prix de ta tendresse,
Ton Fils te donne un bonheur sans égal.

CHOEUR.

Du haut des Cieux, etc.

Si, revêtu de notre chair mortelle,
Sur cette terre il s'offrit à tes yeux ;
Par les rayons de sa gloire éternelle,
A tes regards il brille dans les Cieux.

CHOEUR.

Du haut des Cieux, etc.

Use envers nous de la toute-puissance,
Qu'entre tes mains dépose l'Eternel;
Sur tes enfants verse, avec abondance,
Tes plus beaux dons, et conduis-nous au Ciel!

CHOEUR.

Du haut des Cieux, etc.

IV.

Pour le jour de la Conception de la Sainte Vierge. (8 décembre.)

Le Ciel devient notre partage,
Notre Mère nous y conduit.

Air : *Pourquoi cette vive allégresse.*

Une existence misérable
Devait accompagner nos pas ;
Issus d'une mère coupable,
Nous étions dévoués au trépas.

Nouvelle Ève, aimable Marie !
Oh ! pour nous quel ravissement !
Tu viens nous redonner la vie,
Par ton heureux enfantement.

CHOEUR.

Ce jour nous tire d'esclavage ;
C'en est fait : le crime est détruit ;
Le Ciel devient notre partage, } *bis.*
Notre Mère nous y conduit.

En rendant Ève criminelle,
Par sa ruse, l'affreux dragon,
Sur ses enfants, comme sur elle,
Avait soufflé son noir poison.
Toi, tu guéris cette blessure ;
Sous ton pied frémit le serpent ;
Tu l'as vaincu.... Vierge très-pure,
Je suis devenu ton enfant.

CHOEUR.

Ce jour nous tire, etc.

L'ennemi consterné s'afflige ;
Sa proie échappe de ses mains ;
Il croyait en vain, dans sa tige,
Perdre la race des humains.

Non, l'enfer n'aura pas la gloire
D'atteindre son infâme but :
A toi, Marie, est la victoire ;
Tu nous apportes le salut.

CHOEUR.

Ce jour nous tire, etc.

Sur nous, Marie, à ton aurore,
Que de trésors sont répandus !
Oh ! que de biens plus grands encore
Que ceux que nous avions perdus !
Le pardon succède à l'offense ;
La vie a remplacé la mort ;
Tu nous as rendu l'innocence ;
Tu nous guides à l'heureux port.

CHOEUR.

Ce jour nous tire, etc.

Nous te donnons le nom de Mère,
Regarde tes enfants en nous ;
Vierge, que ta douce prière
De Dieu désarme le courroux !
Nous vous consacrons notre vie ;
Nous vous bénirons tous les jours ;

Divin Jésus! tendre Marie!
Nous voulons vous aimer toujours!

CHOEUR.

Ce jour nous tire, etc.

V.

Tous les soirs, pendant la Retraite.

Air : *Que n'as-tu, comme moi, pris naissance au village.*

Qu'ils sont grands tes bienfaits, Mère tendre et chérie !
Nous t'offrons, en retour, des cœurs reconnaissants.
Puissions-nous, sur ton sein, reposer, ô Marie !
La nuit, comme le jour, veille sur tes enfants ! (*bis.*)

VI.

A mon Ange Gardien.

Air : *Ange à la voix tendre.*

Ange tutélaire,
Ange aux tendres soins,
Que ta voix m'éclaire
Dans tous mes besoins!
Ministre fidèle,
A me protéger,
Mets-moi sous ton aile, ⎫ *bis.*
Quand vient le danger. ⎭

Avec confiance
J'écoute ta voix,
Car ton assistance
J'éprouvai cent fois,
De périls sans nombre
Tu m'as préservé;
Heureux, sous ton ombre, }*bis.*
Je serai sauvé.

Lorsque je voyage,
Viens guider mes pas;
Quand gronde l'orage,
Ne me quitte pas.
L'ennemi conspire
Sans cesse ma mort;
Daigne me conduire
Au céleste port ! }*bis.*

VII.

Le pécheur converti.

Air nouveau ou *Grâce, grâce, suspends, etc.*

Trop long-temps égaré dans les plaisirs du monde,
A toi, mon doux Jésus ! je ne pensais jamais.
Ils ont fui, ces plaisirs, ainsi que coule l'onde,
Et ne m'ont rien laissé... que de tristes regrets. (*bis.*)

Mais enfin déplorant ma conduite coupable,
Je me rends à ta voix, je cède à ta bonté.
A toi seul je veux être, ô Sauveur adorable !
Daigne encor recevoir l'ingrat qui t'a quitté. (*bis.*)

Quand j'allais me jeter dans le sein des abîmes,
Si tes soins empressés cherchaient à me gagner,
Me repousseras-tu, quand je pleure mes crimes ?
Oh! non, j'en suis certain, non, tu veux m'épargner. *bis*

De ton amour pour moi je ressens les doux charmes,
Tu verses, à grands flots, tes grâces dans mon cœur.
Dieu, tu me tends les bras; et, touché de mes larmes,
Tu me dis : Mon enfant, j'accepte ta douleur. (*bis.*)

Comment ai-je blessé le cœur d'un si bon Père ?
Pourquoi tant différer de l'aimer et servir ?
C'en est fait ; désormais je jure de lui plaire.
Oui, pour toi, mon Jésus! je veux vivre et mourir. (*bis.*)

Sous ta protection je me mets, ô Marie!
Donne-moi de remplir ce noble engagement :
Assiste-moi toujours dans le cours de ma vie;
Assiste-moi, Marie, à mon dernier moment! (*bis.*)

VIII.

Avant la Communion.

Air : *Portrait charmant, etc.*

FOI.

Le Roi des Cieux est présent dans l'hostie,
Avec son ame et sa divinité,
Son corps, son sang ; et cette vérité }*bis.*
Je signerais au péril de ma vie.

ESPÉRANCE.

J'espère en vous, Dieu de miséricorde,
Vous qui, daignant oublier mes forfaits,
Venez en moi, pour comble des bienfaits, }*bis.*
Que, chaque jour, votre bonté m'accorde.

HUMILITÉ.

Plus d'une fois, rebelle créature,
Par mes péchés j'ai blessé votre cœur ;
Et cependant j'ai l'insigne faveur } *bis.*
De recevoir l'auteur de la nature.

CONTRITION.

Mais, pénétré d'un repentir sincère,
J'ai fait monter mes soupirs jusqu'aux Cieux ;
Et mon Sauveur, sur moi jetant les yeux, } *bis.*
Vient me donner le doux baiser d'un Père.

CHARITÉ.

Pour vous, mon Dieu, je sens brûler mon ame
Des plus doux feux du pur et saint amour ;
De plus en plus faites que, chaque jour, } *bis.*
Augmente encor cette divine flamme !

DÉSIR.

Divin Sauveur, après vous je soupire,
Hâtez-vous donc de faire mon bonheur ;
Ne tardez plus, descendez dans mon cœur. } *bis.*
Tendre Jésus ! c'est vous seul qu'il désire.

✝

IX.

Après la Communion.

Air : *Portrait charmant, etc.*

REMERCIMENT.

Vous me donnez votre chair adorable ;
Comment payer l'excès de votre amour ?
Pour le bonheur que je goûte en ce jour, ⎫
Que vous rendrai-je, ô Sauveur tout aimable ? ⎭ *bis.*

FERME PROPOS.

Je veux, mon Dieu, vous consacrer mon être ;
Mon corps, mes biens, désormais sont à vous.
Régnez sur moi : votre joug est si doux ! ⎫
Mon doux Jésus ! vous seul soyez mon maître ! ⎭ *bis.*

DEMANDE.

Vous, qui voulez être la nourriture
De vos enfants, ô Père des humains !
Regardez-moi vers vous lever les mains ; } *bis.*
Daignez bénir votre humble créature !

Accordez-moi, dans ce lieu de misère,
D'être toujours docile à votre voix !
Faites, mon Dieu ! que, soumis à vos lois, } *bis.*
Tous mes efforts ne tendent qu'à vous plaire !

X.

POUR LE SALUT DU SAINT-SACREMENT.

Pour le jour de Noël.

Air : *Mon Dieu, donne l'onde aux fontaines.*

Un Dieu veut habiter la terre ;
Il est né l'aimable Sauveur !
Pour nous, quelle insigne faveur !
Il quitte le sein de son Père.
L'Eternel réside en ces lieux ;
Faisons un concert de louanges ;
Unissons-nous aux chœurs des Anges ;
Chantons : Gloire au plus haut des Cieux !

XI.

Pour tous les temps de l'année.

Air *des Syrènes et de la Voûte dorée.*

A vos pieds, dans ce saint lieu,
Je vous adore, ô mon Dieu!
De votre voix qui m'appelle,
Je sens toute la douceur :
Trop long-temps je fus pécheur,
Je veux vous être fidèle.
Pour moi, quel excès d'amour!
Vous vous abaissez dans l'hostie :
Ah! prenez mon cœur en retour;
Daignez le recevoir par les mains de Marie!

XII.

Avant la Bénédiction.

Air : *L'astre du jour qui donne la lumière.*

Vous, qui pour nous mourûtes au Calvaire,
Vous, que les Saints adorent dans le Ciel ;
A nos regards voilé, dans ce mystère,
Pour nous encor vous êtes sur l'autel.
Divin Jésus ! tendre Epoux de nos ames,
Daignez sur nous épancher vos faveurs !
Bénissez-nous, et que vos saintes flammes, } *bis.*
O Dieu d'amour ! s'allument dans nos cœurs ! }

Après la Bénédiction.

Même air.

Quoi ! non content de donner votre vie,
Pour racheter l'homme ingrat et pécheur ;

Pour le nourrir, vous venez dans l'hostie,
Et l'homme peut vous refuser son cœur !
Non, non, mon Dieu ! non ; votre amour nous presse ;
Nous le jurons : plus de péchés pour nous !
Nous voulons tous payer votre tendresse; } bis.
Nous voulons tous vivre et mourir pour vous !

XIII.

Hommage à la Croix.

Air : *Jour mille fois heureux, offrande salutaire...*

O gage du salut ! asile du coupable !
Ce fut entre tes bras qu'expira le Sauveur ;
C'est par toi qu'il voulut nous rendre le bonheur ;
Croix sainte, il t'abreuva de son sang adorable ! (*bis.*)

CHOEUR.

Etendard de Jésus, doux espoir des Chrétiens !
Avec toi de l'enfer nous bravons la furie ;
Pour toi nous méprisons du monde les faux biens ;
Bois auguste et sacré, (*bis*) c'est en toi qu'est la vie ! (*bis*)

Tu reçus de mon Dieu la parole dernière,
Vénérable témoin de toutes ses douleurs ;

C'est attaché sur toi qu'il demande nos cœurs ;
Et, pour nous enseigner, tu lui servis de chaire. (*bis.*)

CHOEUR.
Etendard de Jésus, etc.

Toi, qui du Fils de Dieu fut le char de victoire,
Croix, où de mon Jésus l'amour nous enfanta ;
Autel saint, où pour nous l'innocent s'immola,
Nous venons t'adorer ; nous publions ta gloire. (*bis.*)

CHOEUR.
Etendard de Jésus, etc.

Des ennemis vaincus, ici, le fier trophée, [yeux ;
Leurs chefs, chargés de fers, ne frappent point les
Un triomphe plus doux éclate dans ces lieux.
Heureux sont tes sujets, Croix sainte et vénérée ! (*bis.*)

CHOEUR.
Etendard de Jésus, etc.

La Croix est le sentier qui mène à l'allégresse ;
Par elle dans sa gloire arriva le Sauveur :
Et nous, lâches Chrétiens ! craignant sa pesanteur,
De nous éloigner d'elle aurions-nous la faiblesse ? (*bis*)

CHOEUR.
Etendard de Jésus, etc.

Du monde racheté cher et précieux gage,
L'arbre du Rédempteur fume encor de son sang!
Espérons, ô mortels! car Jésus nous attend :
Attachés à la Croix, suivons-le avec courage!   (*bis.*)

CHOEUR.
Etendard de Jésus, etc.

TABLE

DES MATIÈRES.

	A Marie, ... *page*	3
I.	Pour le Mois de Mai, ...	5
II.	Marie, ...	9
III.	Pour le jour de l'Assomption, ...	11
IV.	Pour le jour de la Conception de la Ste Vierge. (8 *décembre*.)	15
V.	Tous les soirs, pendant la Retraite, . .	19
VI.	A mon Ange gardien, ...	21
VII.	Le Pécheur converti, ...	23
VIII.	Avant la Communion, ...	25
IX.	Après la Communion, ...	27
X.	*Pour le salut du St-Sacrement.* — Pour le jour de Noël, ...	29
XI.	Pour tous les temps de l'année, . . .	30
XII.	Avant la Bénédiction, . .	31
	Après la Bénédiction, .	id.
XIII.	Hommage à la Croix, .	33

CHOLET. — IMPRIMERIE DE F. LAINÉ.

www.ingramcontent.com/pod-product-compliance
Lightning Source LLC
Chambersburg PA
CBHW060718050426
42451CB00010B/1504